MY DEAR WARDROBE

愛しのワードローブ

私のクローゼット365日

Part2

雅姫

INTRODUCTION

子どもが生まれてから、楽ちんな服、履きやすい靴、荷物がいっぱい入るバッグを前提におしゃれを楽しんでいた私。もちろん、それらの服が好きなのは今も変わらないままです。今40代という、ボディラインにも気を使わなければいけない年代に突入し、少しずつおしゃれの仕方にも変化が現れてきました。

たとえばベルトでウエストをシェイプする。ヒールを履いて背筋を伸ばす。上質なレザーのバッグを持って、コーディネートにシャープさを加える、といったふうに。最初は試行錯誤を重ねたそれらの着回しは、いつしかコーディネートの幅を広げて、さらなるファッションの楽しさを教えてくれました。

そしておしゃれは楽しい！ いつまでもおしゃれでいたい！ おばあちゃんになっても、おしゃれで前向きでいられる女性を目指したいのです。この本がみなさんのおしゃれライフにうるおいを与えられる、エッセンスのような存在になれば幸せです。

雅姫

CONTENTS

CHAPTER

1

MY BASIC ITEMS & COLORS

ベーシックなアイテムと色が
ワードローブの主役です

私にとってのおしゃれのベーシックアイテムは、体になじむ服ということが絶対条件です。“なじむ”という言葉には、リラックスして着られる服、自分らしくいられる服、すなわち心地よい素材、肌になじむ色といった意味合いが含まれます。飛び抜けたモード感のある服は、長い期間楽しむことはできないし、着こなせる年代も決まってきます。そんな中で私が長年親しんでいるのは、パンツ、ワンピース、シャツ、コートといったアイテム。ラインやシルエットはだいたい決まっています。本当はショートパンツなども楽しみたいのですが、コンプレックスである足を出すと、一日中落ち着かないのでNG。従って定番のワンピースもロングやマキシ丈のものが断然多くなります。

またモデル、そしてデザイナーという仕事をしてきて、自分に似合う色というものもわかってきました。もちろん日々選ぶ色は違います。でもここでご紹介する「白、ベージュ」「ピンク」「黒、グレー」といった色は、どんな色合わせにおいてもベースになり、顔映りがよく、身につけて落ち着く色ばかり。自分の心を安定させてくれる、ある意味ラッキーカラーなのかもしれません。

Acne

MY BASIC ITEMS

1

PANTS

新しい色や柄にもチャレンジ

日々せわしなく動き回る私にとって、パンツはコーディネートに欠かせないアイテムです。古着好きの私には、ヴィンテージデニムが昔からの定番アイテム。一方でプリントパンツやホワイトデニムなどは、ここ数年で選ぶようになったアイテムです。

以前、ボトムは無難なデニムに逃げがちでした。ところが、下半身に柄を持ってくると、驚くほど見た目の印象が変わる効果があることを知ってからは、プリントパンツにシンプルなトップスといったコーディネートを楽しめるようになりました。

またホワイトデニムも、膨張色で太って見える、汚れやすい……と敬遠していましたが、これまたインディゴとは違う新鮮さがあり、好きなマリンスタイルにもぴったり。この2アイテムは、パンツスタイルはまだまだ他の楽しみ方があるんだなと再認識させ、おしゃれの幅を広げてくれました。

Pants:左下から時計回りに、Cloth & Cross、ACNE、Lee、Cloth & Cross、INCOTEX

I love flower-prints,
all the more Liberty prints.

MY BASIC ITEMS
1
PANTS

Blouse:ACNE
Pants:Cloth & Cross
Necklace:agete
Shoes:J&M Davidson
Bracelet:agete(すべて)
Pierce:Skypearl
Bag:Fatima Morocco

PRINT PANTS

無地×柄パンツは、サブリナで楽しみます

リバティプリント〈アミーズ〉のパンツに、シンプルなブラウスを合わせた着こなし。無地を合わせるのは、一番失敗しないプリントパンツの楽しみ方。トップスに色を持ってきても新鮮です。

I've been hooked on vintage denim for a long time.

VINTAGE DENIM

ヴィヴィッドな色で
ボーイフレンドデニムを上品に

ルーズなボーイフレンドデニムは、くったり穿き倒した、とっておきのヴィンテージで。女らしく穿くなら、ロールアップして足元に軽さを。ヴィヴィッドな色を合わせて、だらしなく見えないようにコーディネートします。

Blouse:MES DEMOISELLES
Pants:Lee(Used)
Shoes:STUBBS & WOOTTON
Hat:inverni
Bracelet:Chan Luu、agete
Necklace:AHKAH

MY BASIC ITEMS
1
PANTS

I discovered a new style after I tried white denims.

WHITE DENIM

爽やか×大人っぽい、ホワイトデニムにトライ

ホワイトデニムの爽やかさに気づいてトライした、紺のジャケット×ボーダーという定番マリンスタイル。ゆったりしたボーイフレンドタイプなら、下着の線も気になりません。

MY BASIC ITEMS

1

PANTS

Jacket:MARIO MATTEO
Shirt:Cloth & Cross, Miller(Inner)
Pants:JOURNAL STANDARD
Belt:ANGLO
Shoes:VAN'S
Bag:Cloth & Cross

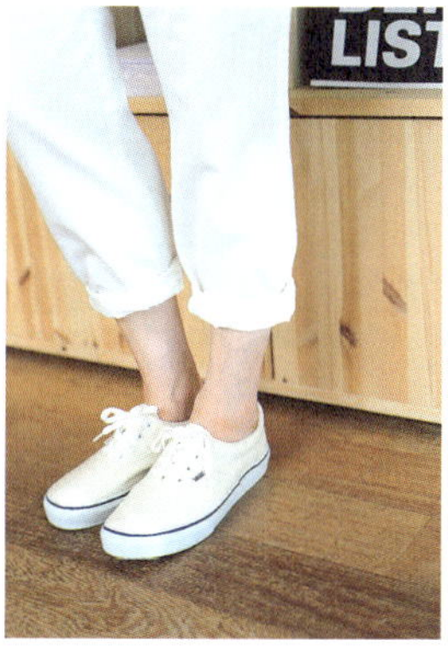

MY BASIC ITEMS 2

ONE-PIECE DRESS

女度UPにはワンピース

一枚身につけるだけでコーディネートが完了する手軽さと、何より気分がおしとやかに、女っぽくシフトするので、私にとってワンピースは“女子度”がアップするアイテム。アクセサリーもたくさんつけたくなるし、メイクも普段とはちょっと違うものに変えたくなります。私が好きなのは、足首まで長さのあるロングやマキシ丈。とはいえ、シルエットがタイトか、ふんわりか、でも同じロングが違って見えますし、柄、素材、ウエストの位置でもまったく違う雰囲気になるのが魅力です。

シルクやシフォンなどのドレスっぽいワンピースはサンダルでドレスダウン。カジュアルなコットンやリネンには、パーティバッグやゴールドのアクセサリーできちんと感をプラス。そんなバランス感を大切にして着ています。

One-Piece:MES DEMOISELLES

Classic designs lead me to a new world.

PRINT ONE-PIECE

レトロなプリントワンピは、小物次第で着回しが多様

透け感のあるプリントワンピースは、エレガントで大人っぽい印象。合わせる小物次第でパーティドレス風にも着こなせるし、ちょっとサンダルを合わせれば、気軽な普段着に。

MY BASIC ITEMS

2

ONE-PIECE DRESS

One-Piece:Isabel Marant Etoile
Shoes:MYSTIQUE
Bracelet:agete(すべて)
Pierce:Chan Luu
Bag:repetto

CHIFFON ONE-PIECE

細かいドレープがやさしい、
コーラルピンクの刺しゅうワンピ

お花の刺しゅうとコーラルピンクがキュートなワンピースは、大人かわいい雰囲気。レトロなシルエットなので、ゴールドのアクセサリーでまとめて。

One-Piece:MES DEMOISELLES
Shoes:Manolo Blahnik
Ring:agete
Necklace:AHKAH、agete
Bracelet:Chan Luu、agete、Mariacchi

MY BASIC ITEMS 2

ONE-PIECE DRESS

I find softly-colored dresses with beautiful drapes soothing.

MY BASIC ITEMS

2

ONE-PIECE DRESS

Discover a "white world" when you wear a simple dress.

One-Piece:forte_forte
Hat:SENSI STUDIO
Shoes:MYSTIQUE
Pierce:MARIHA
Necklace:agete、AHKAH
Bracelet:agete(すべて)

SHIRRED ONE-PIECE

あえて堂々と着たい
大胆な白いドレス

リゾートにぴったりなチューブトップの白いドレス。街中なら黒い締め色がほしいところですが、リゾートならラフィアのハットにゴールドのサンダルというナチュラルカラーが涼しげ。

MY BASIC COLORS

WHITE +BEIGE

清潔感の白、そこに甘さを加えたベージュ

私の中にある、初めての人と会う日は白を着るというジンクス。清潔感があり、先入観を持たせない色だと思うから。そこに少しやさしさを加えたベージュ。肌なじみがよく、甘さが乗る感じが好き。

1. Shoes:Manolo Blahnik

2. Bag:Bottega Veneta

3. Skirt:HUG Ō WäR

5. Hat:SENSI STUDIO

4. Bag:Daylesford

6. Blouse:USED

7. Shoes:UGG

1. 繊細なヒールで足元を品よく見せるヌーディカラーのサンダル。Shoes : Manolo Blahnik 2. カスタード色の“カヴァ”。Bag : Bottega Veneta 3. いくつになっても白いスカートが好き。Skirt : Cloth & Cross 4. 英の有名なオーガニックデリのカゴバッグ。Bag : Daylesford 5. 紫外線よけ＆夏のおしゃれに。Hat : SENSI STUDIO 6. レースが美しいアンティークのスモックブラウス。Blouse : USED 7. ふんわり暖かいモコモコモカシン。Shoes : UGG 8. シルク素材で肌になじむシャツブラウス。Blouse : Martinique 9. 白のスパンコールがびっしりと全体に施されたマルシェカゴ。Bag : FATIMA MOROCCO 10. フリンジがアクセ

8. Blouse:Martinique

9. Bag:FATIMA MOROCCO

10. Bag:J&M Davidson

11. Knit:Martinique

12. Bag:Cloth & Cross

13. Shoes:SARTORE

14. Knit:forte_forte

ントの“RIO”バッグ。Bag : J&M Davidson 11. 控えめなラメが上品なモヘアのセーター。Knit : Martinique 12. リネン素材のシンプルな布バッグは私の定番アイテム。Bag : Cloth & Cross 13. コーディネートの幅が広がる、ヘビーユースのウエスタンブーツ。Shoes : SARTORE 14. 3トーンのトリオセーターは、ラグランがカジュアルな印象。Knit : forte_forte

MY BASIC ITEMS

3

SHIRT

着回しの幅を広げるシャツ

私らしいシャツの着こなしは、“ボタンをふたつ開けてラフに着る”“アイロンはなし”“何度も洗濯をして、生地はこなれた感じに”という3つが基本。

シャツは着回しや重ね着ができるアイテム。さらにカーディガン代わりに羽織ったりと、一枚あるだけでさまざまなコーディネートに活用ができます。シャツのワードローブの中で一番多いのは、リネンやコットン素材。無地、チェック柄、ストライプ、そして花柄。同じシャツでも表情や雰囲気は無限大です。

身につけるとちょっぴり気分をシャキッと引き締めてくれるシャツは、これからもずっとずっと欠かせないアイテムです。

Shirt:左から、Frank & Eileen、Cloth & Cross、James Mortimer、INDIVIDUALIZED SHIRTS

PLAIN SHIRT

エレガントさを演出できる、シルエットが魅力

てろんとした素材ゆえ、その生地の落ち感、そのシルエットが女度を上げてくれるシャツ。一枚でもエレガントなので、プリントパンツを合わせて、私らしいおしゃれ感を演出。

MY BASIC ITEMS

3

SHIRT

Create a feminine feeling by showing
a slender shoulder and plunging neckline.

Shirt:Equipment Pants:Attic and Baran
Bag:caterinabertini Shoes:Manolo Blahnik
Bracelet:Chan Luu

Plaid shirts are for real men, right?

CHECKED PRINT SHIRT

メンズっぽいチェックシャツを、
クール＆エレガントに着こなす

シンプルにシャツとして、また袷《あわせ》を変えてカシュクールにもなる、2 Wayシャツ。メンズっぽいチェック柄から一色を拾い、ゴールドブラウンのパンツを合わせ、ヒールでエレガントに。

Shirt:HUG Ō WäR、Cloth & Cross(Inner)
Pants:Cloth & Cross　Shoes:VICINI
Pierce:agete　Bracelet:agete、Antique

MY BASIC ITEMS
3
SHIRT

MY BASIC ITEMS

3

SHIRT

Shirt:Frank & Eileen　Skirt:Lee　Pierce:agete
Necklace:agete　Bracelet:Chan Luu、agete　Bag:SENSI STUDIO
Shoes:STUBBS & WOOTTON

FLOWER PRINT SHIRT

花柄リバティシャツは、永遠に着たい一枚

リバティプリントの花柄シャツは、いくつになっても着たい一枚。存在感があるので、ボトムはシンプルに。バッグなど小物は、花柄から拾ったグリーンを選び、軽やかな着こなし。

The eternal Liberty flower print.

MY BASIC COLORS

PINK

女らしいかわいさ、そして元気をくれる色

私にとってピンクは元気をくれる色。そして女らしいかわいさをプラスしてくれる色。差し色やアクセントとしてピンクを身につけると、自然にハッピーな気分になれる、おまじない効果もあります。

1. Shirt:Cloth & Cross

2. Bag:SAINT LAURENT

3. Stole:Chan Luu

4. Shoes:repetto

5. Stole:Fariero Sarti

6. Knit:HUG Ō WäR

1 大人っぽいダスティピンクのリネンカシュクールシャツ。Shirt : Cloth & Cross 2 ボストン型のミニダッフル。Bag : SAINT LAURENT 3 レトロなフラワープリントのフリンジストール。Stole : Chan Luu 4 エナメルのバレエシューズは、ベビーピンクでやさしい印象。Shoes : repetto 5 極上の肌触りのウールストール。Stole : Fariero Sarti 6 Aラインのシルエットがきれいなネックセーター。Knit : HUG Ō WäR 7 大胆に履きこなしたいヴィヴィッドピンクのパンプス。Shoes : Christian Louboutin 8 荷

7. Shoes:Christian Louboutin

8. Basket:SENSI STUDIO

11. Knit:John Smedley

9. Bag:vanessa bruno

10. Belt:ANGLO

12. Knit:HUG Ō WäR

13. Stole:Citrus(all)

物がたっぷり入る、ピンクボーダーがかわいいバスケット。Basket : SENSI STUDIO 9. ヴィヴィッドなスパンコールが効いたトートバッグ。Bag : vanessa bruno 10. ウエストのアクセントになる、カラフルなメッシュタイプ。Belt : ANGLO 11. 上質なハイゲージの丸首カーディガン。Cardigan : John Smedley 12. 定番ボーダーもフェイバリットカラーを。Knit : HUG Ō WäR 13. タッセルがついたポンポンストールは、ペールトーンのグラデーションで。Stole: Citrus

MY BASIC ITEMS

4

COAT

コートは着丈とシルエットが鍵

コートは着丈とシルエットが美しい着こなしの８割を決めます。だから試着はマル必。そして着こなしで何より気をつけるのは、インナーとのバランスです。たとえば短いスカートを合わせる場合、コートの裾から何も見えず「え？　下に何も着ていないの？」的な見え方になってはNGだからです。

コートは毎シーズン買うアイテムではないし、お値段もそれなりなので、失敗せず選びたいものです。私の一番のお薦めはマッキントッシュのゴム引きのコート。見た目以上にとても防寒性が高く、長年私の悩みだった“パーティのときに着ていくコートがない”を解消してくれた一枚でもあります。私ぐらいの年齢の方なら、マッキントッシュやトレンチなど、きちんと感のあるコート、それに真冬のコート、３シーズン着られるコート、カジュアルなコートが揃っていれば、ほぼ着回しは万全。インナーファッションと合わせて、いろいろ楽しめるはずです。

Coat : MACKINTOSH×MASAKI

MY BASIC ITEMS

4

COAT

Coat:MACKINTOSH One-Piece:Cloth & Cross
Shoes:Maison Martin Margiela Pierce:MARIHA Necklace:AHKAH、agete

RUBBERISED COAT

羽織るだけで様になる、憧れていたコート

形はシャープ、雰囲気はモダン、そして佇まいがとてもシンプル。大人になったら……と、ずっと憧れていたマッキントッシュのゴム引きコート。ドレスに羽織っても様になる貴重な一枚。

The sharp and modern look of a MACKINTOSH coat makes me look neat.

TRENCH COAT

ベルトの留め方で着こなしもさまざま

トレンチコートは前を開けてラフに羽織るのが好きです。この日はベルトを後ろで締めて、ちょっぴりシルエットを細く演出。シンプルな着こなしなので、秋らしいキュートで真っ赤な小物を取り入れて。

Coat:MACKINTOSH Pants:CURRENT ELLIOTT
Shoes:J&M Davidson Bag:CELINE

MY BASIC ITEMS 4

COAT

I can't go out without my manly
and cool trench coat.

Even girls love camouflage-print items.

MY BASIC ITEMS

4

COAT

CAMOUFLAGE PRINT COAT

カモフラを軽快に、キュートに着こなす

カモフラ＝迷彩柄は女のコが着ると、とてもキュート。メンズっぽい柄なのであえてレースのスカートでミスマッチを楽しみます。いっぱい歩く日は、スリッポンのスニーカーで颯爽と。

Coat:Cloth & Cross　Skirt:ANTIK BATIK
Shoes:VAN'S

MY BASIC COLORS

BLACK +GRAY

大人の着こなしに欠かせない究極の締め色

黒やグレーは最近よく着るようになった色。年齢に合うのか、身につけると落ち着くし、着こなしがぴりっと引き締まります。素材違いの黒を合わせたり、ポイントに使うと大人っぽい着こなしに。

1. Shoes:J&M Davidson

2. Bag:Jackson's

3. Belt:ANGLO

4. Knit:Martinique

5. Shirt:Cloth & Cross

6. Bag:L.L.Bean

7. Shoes:HENRY BEGUELIN

1. モノトーン・バイカラーのバレエシューズ。Shoes : J&M Davidson 2. ［Merci］の文字がキュートなジュート素材のバッグ。Bag : Jackson's 3. 1本は持っていたい、細めのメッシュベルト。Belt : ANGLO 4. 大人カラーのアニマル柄、モヘアのロングニットカーディガン。Knit : Martinique 5. 裾を結んでカシュクール風に楽しめるリネンシャツ。Shirt : Cloth & Cross 6. 愛犬もぐらもすっぽり入る、大型トートバッグ。Bag : L.L.Bean 7. シンプルでシャープなシルエットで、どんな服にも似合うブーツ。Shoes : HENRY BEGUELIN 8. 女らしさとハードなテイストを持ち合わせたバッグ。Bag : Balenciaga 9. スリムなブラッ

8. Bag:Balenciaga

9. Pants:ACNE(2点とも)

10. Jacket:GOLDEN GOOSE

11. Shoes:Christian Louboutin

14. Knit:Cloth & Cross

12. Shoes:CONVERSE

13. Bag:Helen Kaminski

クパンツで体重をコントロール(?)。Pants : ACNE (2点とも) 10. ハードなライダースジャケットは、甘辛のバランス感を調節するのに便利。Jacket : GOLDEN GOOSE 11. 大きめのリボンがアクセントの、夏に出番が多いトングサンダル。Shoes : Christian Louboutin 12. 定番のコンバースに、最近黒が仲間入り。Shoes : CONVERSE 13. 大きなタッセルがついたラフィア編みの“ASALI”。Bag : Helen Kaminski 14. ゆったりラインの、軽いモヘア素材のグレーのワイドニット。Knit : Cloth & Cross

CHAPTER 2

AT-HOME CLOTHES

肌触りがよく、ストレスを感じない、
ホームウエアはジャブジャブ洗える服

私は帰宅するとすぐに着替える派。やはり家ではリラックスしたいし、気分を変えたいからです。そんなホームウエアに一番活躍するのは、自分がデザインしている〈ハグ オー ワー〉の服。オンとオフの切り替えがないので、近くのコンビニに行くときも、ゴミを出しに行くときも、近所の公園まで犬の散歩に……というときでも、着替えずにそのまま出かけられる服です。

家にいるときは、あれやこれや用事を頼まれる妻であり、「お腹空いた〜」と叫ばれる母であり、ワンワン餌を要求される犬係（笑）。正直、モードだ、流行だ、は二の次なのです。好んで身につけるのは、スカート、パンツ、スエット、カットソーが中心。でも春や秋はスモックブラウスやシャツ、夏はコットンやリネンの風通しのいいワンピースで過ごす日もあります。

どれも汚れたらすぐにジャブジャブ洗濯できて、肌触りがよく、身につけていて緊張感のないストレスフリーな服。だけど着るのが楽しくなる服。それが私のホームウエア選びの基本だと思います。

11 a.m. in the kitchen

COOKING

家の中で一番好きなのは、おいしい香りが漂うキッチン。
汚れを気にせず、リズムよく動き回れるよう、エプロンをキュッと締めて。

シンプルなグレーのカットソーはヘビロテアイテム

キッチンでは気がねなく料理をするために、汚れが気にならないタブリエエプロンを愛用。トップスにはシンプルなグレーのカットソーをヘビロテ中。髪もまとめ上げ、清潔感優先で。

Shirt:Cloth & Cross　Cut & Sewn:Cloth & Cross
Pants:ACNE　Apron:Cloth & Cross
Bracelet:agete　Babouche:Fatima Morocco

Blouse:MES DEMOISELLES
Pants:Lee(Used)
Apron:Cloth & Cross
Shoes:havaianas

ゆったりリラックスできる服が好き

ゆったりデニムはホームウエアの定番。楊柳素材のスモックも肌触りがよく、ちょっぴりおしゃれで、家で簡単に洗濯できるからとても重宝しています。夏にはスリッパやバブーシュの代わりに楽ちんなビーサンがキッチンで大活躍。

10 a.m. doing Laundry

HOUSEWORK

休日の朝、窓から外を見て天気がいいと、飛び起きて洗濯機を回します。
平日はできない場所の掃除などもあるので、そんな日は一番楽ちんなスエットパンツで。

Cut & Sewn:St.James
Sweat Pants:rxmance
Babouche:Cloth & Cross

マルチなボーダーは大活躍

大好きなボーダーは、ホームウエアとしても活躍。休日は掃除洗濯とフル回転。七分袖なので、いちいち袖を捲る必要もなく、一日中汚れを気にせず動き回る日にはぴったり。

9 p.m. at my desk

HOMEWORK

自宅でのデザインチェックには、ちょっぴり緊張感をキープ。
あまりゆるい服に着替えると、眠くなってしまうから…。

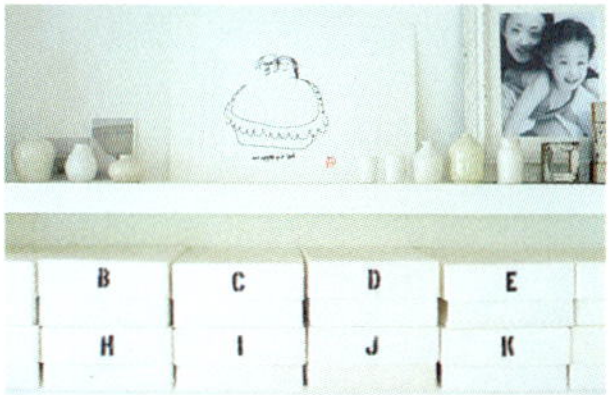

Shirt:Cloth & Cross
Pants:Cloth & Cross
Pierce:agete
Glasses:OLIVER PEOPLES
Bracelet:Chan Luu、agete

仕事を持ち帰った日は、シャツで心を引き締めて

家で仕事をするときは、ゆったりしたシャツとパンツなどが多いかもしれません。あまりにリラックスモードの服に着替えてしまうと、仕事をしたくなくなってしまうので、シャツとパンツぐらいがちょうどいいのです。

3 p.m. in the living room

TIME TO RELAX

予定のない週末は、それだけで最高の贅沢。
お気に入りの服を着て、もぐらといちゃいちゃしようかな？

ガーリーな白ワンピで
一日のんびりの休日

家事から解放される休日は、白いリネンのワンピースでのんびり一日過ごしたい。これなら宅配便のピンポンが来ても、友だちが急に遊びに来ても大丈夫だから。

One-Piece:The Virgnia
Necklace:KETTY mylan by agete、agete
Bracelet:agete
Babouche:Fatima Morocco

2 p.m. in the garden

GARDENING

庭に球根を植えたり、花の世話をしていると、時間が過ぎるのをしばし忘れます。
だけどうっかり日焼けは厳禁。泥んこまみれになるからエプロンと長靴も必須アイテム。

Shirt:DEUXIEME CLASSE
Pants:ACNE Apron:LABOR AND WAIT
Hat:Helen Kaminski Glove:AIGLE
Shoes:AIGLE

日差しや汚れと闘いつつ、花と土を愛でる時間

ガーデニングは汚れを気にしない完全防備で。日差しを遮る帽子、草むしりには手袋、そしてエプロンと長靴は必須アイテム。きれいな花を咲かせるためなら、土いじりも楽しくて。

CHAPTER

3

STYLES FOR THE SITUATION

シチュエーションを考え、鏡の前で変身。
TPOと自分なりのルールを考えて

シーンに合わせて服を選ぶ。これは当たり前のことのようで、なかなか簡単ではありません。若い頃はある程度はずれたファッションもご愛敬ではありますが、私ぐらいの年齢になってTPOを間違えると、それはもうファッション以前の話になってしまいます。

私がとくに気を使うのは、そのシーンに合うアイテムであるかどうか。さらに素材や色選びも間違っていないか周りとのバランスを気にします。そのうえで自分なりのルールとしては、どこかで着崩して、あまり決めすぎないスタイル。ちょっぴり息が抜けるコーディネートにしたいのです。フォーマルなシーンでドレスを身につける日は、足元だったり、アクセサリーであったり、髪型であったりと、どこか一カ所を崩してドレスダウンします。そうすることで、自分もとても肩の力を抜いて服を楽しめます。

シーンに合わせた服を選べたときは、最高の気分。ちょっぴり変身する気分で、あれこれ試してみてはどうでしょう？ 鏡の前でシーンを想像しながらコーディネートすることで、新たなファッションの発見をすることもありますから！

1

2

3

POINT 1

パイソン柄を
淡いトーンで上品に

パイソン柄も柔らかい素材なら、
やさしい印象に。

One-Piece:Chloe
Bag:de couture
Pierce:Chan Luu
Ring:HARRY WINSTON
Bracelet:Chan Luu
Shoes:JIMMY CHOO

4

5

1. ファーストCHANELに選んだのは、やさしい色のアンティーク。チェーンショルダー“エトラッセ”。2. キューブが揺れるCHANELのイヤリング。3. アンティーク刺しゅうのバッグ。4. ゴールドカラーがドレスに映えるJIMMY CHOOのパンプス。5. ショルダーストラップにリボンがついたLANVINのパーティバッグ。

SITUATION
1

PARTY
〈パーティ編〉

ワンピ＋シャイニーな小物で

パーティの全身コーディネートは、楽しいようでむずかしいもの。その日限りの服になってはつまらないし、後々着回せる機会のある服を選びたいものです。ふだん使いできるワンピースもシャイニーなアクセサリーや靴、バッグで、十分パーティ仕様に変身できるはず。

Do I look OK?

6

7

POINT 2

大胆なドレスは、サンダルで着崩す

真っ赤な大胆なドレスは柔らかなコットン素材。ローヒールサンダルで決めすぎないおしゃれ。

One-Piece:miu miu
Bracelet:Chan Luu、agete
Necklace:agete
Pierce:MARIHA
Shoes:Manolo Blahnik

8

Good Evening

9

Champagne

10

6. 仕事帰りのパーティには、デイタイムも着られるMEGAN PARKのビーズ刺しゅうのワンピで。7. 控えめな輝きに惹かれたCHANELのイヤリング。8. まさにパーティ仕様のJIMMY CHOOのシルバーバッグ。9. メイク道具と長財布がすっぽり入るCHANELのチェーンショルダー。10. クリスマスの記念に、重ねづけできるシンプルなデザインをチョイス。HARRY WINSTONのリング。

POINT

かさばらず、きちんと感を保てるコートや小物

薄くて軽いコート。部屋履きにもなるレペット。パスポートを入れて斜めがけもできるポーチで。

Coat:MACKINTOSH
Cut & Sewn:Cloth & Cross
Pants:Hollywood Trading Company
Shoes:repetto
Bag:SAINT LAURENT

1. 荷物の隙間にも入れられる、使い勝手のいいrepettoのバレエシューズ。2. 防寒にもアクセサリーとしても重宝するLOUIS VUITTONのストール。3. パリの大好きなパン屋「Poilane」のリネンバッグ。丈夫で驚くほど物が入るので、お土産が増えたときも安心。

SITUATION 2

TRAVEL

〈旅行編〉

旅先では着回しが基本

旅には持っていける荷物が限られているだけに、かさばらず、着回しが効くものを。私の旅で活躍するのはぺたんこになるrepettoのバレエシューズとストール、斜めがけできるバッグです。突然のフォーマルなレストランへのお誘いにも持っていけるものは、なお安心。

SOURIS

4

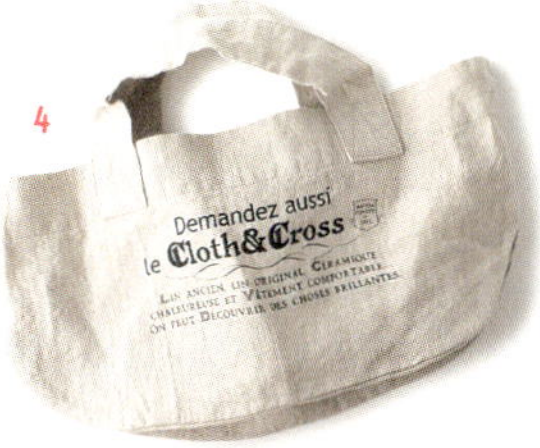

5

6

Parfait !

7

8

Ooh La La!

4. バッグインバッグやホテルの朝ご飯に持っていけるCloth & Crossのちびバッグ。5. コインやお金も入り、収納力抜群のSmythsonのボーディングパスケース。6. パスポートケースは、鮮やかなピンクのSmythsonに。7. 斜めがけがかわいい、旅先で便利なCELINEのトリオバッグ。8. 少し大きめのCELINEトリオバッグなら、ショルダーを取り外して、クラッチバッグに変身。

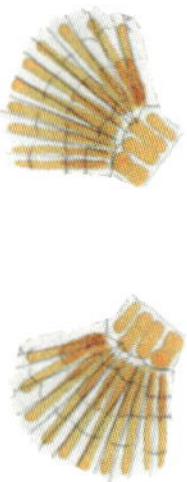

1

2

3

Point

肌の露出が多い服は アクセサリー多めで

リゾートドレスで肌を露出するときは、アクセサリーの重ねづけを楽しみます。

One-Piece:MARIHA
Necklace:AHKAH KETTY mylan by agete,Chan Luu
Bracelet:Chan Luu,agete
Anklet:Chan Luu
Shoes:MYSTIQUE

4

5

1. 赤いリボンと幅広のツバがバカンス気分を盛り上げるinverniの帽子。2. ボトムがスカートタイプなら、ビキニタイプも安心。3. 風通しのいい袖がかわいい、Cloth & Crossのボーダーカットソー。4. Cloth & Crossのサブリナパンツは定番のギンガムチェックで。5. 青い空と海に映える、真っ赤なビキニ。

SITUATION 3

VACANCES

〈バカンス編〉

気分がアガるリゾートアイテム

プライベートで休暇を取るなら、やはり南の島に行きたい。ホテルのレストランにも着ていける涼しいドレス、水着、帽子、ビーサン、サングラス、紫外線よけの上着が必須です。大胆なドレスやビキニも、リゾートならではの解放感で不思議と着こなせたりして……。

So sunny!

Tropical

A bit sleepy……

6

7

8

9

10

6. ピンクのスタープリントはWACKO MARIAのビーチサンダル。7. TOM FORDのべっこうサングラス。8. プールサイドや海辺に持って行くのに便利なFILTの網バッグ。9. 収納力抜群のシンプルなマルシェカゴ。10. ビーチやプールサイドで水着の上に羽織れるHUG Ō WäRのリネン素材のチェックシャツ。

POINT 1

レイヤードが基本のアウトドアスタイル

私流、山ガールスタイル。

Vest:Rocky Mountain Featherbed
Shirt:DEUXIEME CLASSE
Pants:WACKO MARIA
Long Jhon:Cloth & Cross
Leg Warmer:Handmade
Shoes:new balance

1

2

1. すっぽりと体を包み込む、Johnston'sの大判カシミアストール。2. パンツにもロングスカートにも合わせやすい INIS MEAIN のニットキャップ。3. カーキと生成りのバイカラー仕様がおしゃれなSTEELEのトートバッグ。

3

SITUATION 4

OUTDOOR

〈アウトドア編〉

どこか一カ所にアウトドア気分を

キャンプデビューを企て、寝袋も用意したのに、未だ叶わず……。ここ数年、パタゴニアやUGGなど、デザインはタウンユースなのに保温性も高いアイテムが人気です。全身をそれで固めるというより、どこか一カ所に取り入れるのがふだん使いのコツです。

POINT 2

あったかニットで寒さに負けず！

ジャカードニットガウンであったか＆ほっこりコーディネート。

Knit:HIGHLAND2000
Cap:HATS & DREAMS
Stole:Johnston's
Pants:CURRENT ELLIOTT
Shoes:HUNTER

4

5

6

7

4. 軽くて暖かく、長年愛用しているPatagoniaの定番フリースジャケット。5. 指が出て便利。差し色にもなる、HIGH LAND2000のアームウォーマー。6. 保温性が高く、足も楽ちんなUGGのもこもこブーツ。7. HUG Ō WäRがアウトドアブランド〈モンロ〉とコラボした、リバティプリントのリュックサック。

1

2

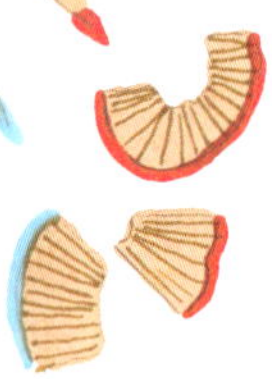

POINT

モード感ときちんと感を兼ね備えたジャケット

ジャケットさえ羽織れば、インナーはTシャツやカットソーでも。

Jacket:forte_forte
Shirts:James Perse
Pants:Cloth & Cross
Bag:SAINT LAURENT
Glasses:OLIVER PEOPLES
Necklace:Chan Luu
Pierce:Chan Luu
Shoes:Christian Louboutin

3

1. 2. 髪をカチューシャでまとめて、ちょっぴり知的に演出。細い幅で主張しすぎないアクセントになるフランス ラックスのウェービータイプのヘアバンドとカチューシャ。3. ローヒールでリボンがエレガントなChristian Louboutinのパンプス。

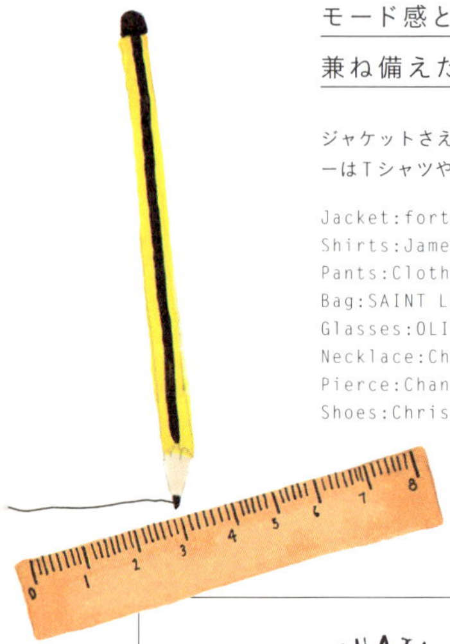

SITUATION 5

PARENTS' DAY
〈授業参観編〉

小物できちんと感を演出

娘の通う学校は幸い保護者の格好がわりとラフ（笑）。そんなこともあり、私もいわゆるスーツでなく、デニムをはいていくこともあります。でも例えばジャケットを羽織るとか、小物や靴などにはきちんと感を持たせ、アクセサリーは華美にならないよう気をつけます。

4

5

6

7

4. Faliero Sarttiのストールはシンプルなデザインとカラーを選んで。5. 書類もファイルもたっぷり入る、CELINEの“ホリゾンタルカバ”。6. コーディネートがあっさりしすぎたとき、OLIVER PEOPLESの眼鏡でちょっぴり知的に。7. おとなしめでエレガントなJ&M Davidsonのバックストラップシューズ。

1

2

3

4

POINT

濡れてもいい素材で
おしゃれの工夫

雨の日は濡れても気にならない、
デニムやパーカが大活躍。

Parka:WACKO MARIA
Shirt:HUG Ō WäR
Skirt:DEUXIEME CLASSE
Belt:ANGLO
Bag:Hervé Chapelier
Shoes:AIGLE
Umbrella:Traditional
Weatherwear

Splish
Splash

1.2.4.Traditional Weatherwearの絵柄の楽しい傘で、憂うつな雨もなんのその！
3.軽くて歩きやすい、快適なAIGLEのショートレインブーツ。

SITUATION
6

RAINY DAY
〈雨の日編〉

好きな服で憂うつを吹きとばせ！

憂うつな雨の日は、レイングッズで気分をアゲます。足元はレインブーツを基本に、全身をコーディネート。濡れても気にならない素材のバッグや、ファッション性の高い傘や長靴のバリエーションを揃えて、少しでも雨の日が楽しくなりますように！

5. 6. 雨の日の定番バッグは、濡れても安心のHervé Chapelier 。コンパクトながら、たっぷり荷物が入ります。7. ファッション性の高い、marescaの長靴をチョイス。 8. Traditional Weatherwearのキュートなアニマルプリントの傘を選んで。 9. 濡れても拭き取ればOKなHervé Chapelierのエナメルバッグは、雨の日のコーディネートの心強い味方。

CHAPTER

4

MIX
&
MATCH

好きな一着を基本にコーディネートを探る。それが着回し上手への第一歩

着回しの基本といえばレイヤード。重ね着をすることで、服にもうひとつの表情が生まれ、ときに違ったアイテムにさえ見えることも。最近、私の着こなしの目的は全身をすっきり見せること。レイヤードにはそういった工夫も必要です。そんなふうに、毎日手持ちの服をどうやって着回そうか考えるうち、実は合わせるもののシルエットを変えるだけでも、ずいぶん違った表情に見えることに気づきました。ただそれは自分がかなり着慣れて、好きになったアイテムでないと難しいかもしれません。「大好きなジャケットを、いろいろな場所に着ていきたい！」。そんな服への思いが、私の頭を着回しの工夫へとフル回転させてくれるのだと思います。

とにかく気に入った一枚を見つけたら、いろいろな服と鏡の前で合わせてください。合わせるものがパンツだとしたら、スリムなもの、だぼっとしたワイドなもので、シルエットが変わり、合わせる靴も当然変わってきます。そうして同じジャケットでも合わせるものを変えていくことで、着回しが可能になり、おしゃれの幅が広がるのです。

JACKET:
Stella
McCartney

ITEM_1

JACKET

今の気分はタイトなJK

年齢的にもそろそろ手に入れたい一枚。中に着る服のことも考えると、ちょっぴりゆとりのあるサイズが妥当。でも最近は、タイトでもジャストサイズの方がシルエットはキレイだと気づきました。試着して、肩の位置、上半身へのフィット感は必ずチェックを。

Arrange

1

CASUAL STYLE

スエットパンツとジャケットを合わせる、ルールを無視したスタイルもありかなと。ベーシックカラーでシックにまとめれば、大人っぽい休日スタイルとして十分対応します。

Cut & Sewn:Cloth & Cross　Pants:Cloth & Cross
Shoes:CONVERSE　Pierce:agete　Bracelet:Chan Luu

Arrange

②

FORMAL&

CLASSICAL

友だちの誕生日やレセプションなどに出かけるときはこんな感じ。黒のレースブラウスやデニムでカジュアルダウンしても、きちんと感のあるバッグやパンプスを合わせればOK。

Blouse:MALENE BIRGER Pants:CURRENT ELLIOTT
Shoes:Christian Louboutin Bag:CHANEL
Necklace:agete Pierce:Chan Luu

Arrange

③

COOL&

LADYLIKE

ふだん一枚でゆるりと着るシャツドレス。ウエストをベルトで絞り、ジャケットと合わせれば、打ち合わせや学校にも。袖口をロールアップ、足元はサンダルを合わせてラフに。

One-Piece:ALBUM DI FAMIGLIA
Belt:ANGLO Bag:CELINE Shoes:Manolo Blahnik
Bracelet:Chan Luu

Shirt:
HUG Ō Wär

ITEM_2

DENIM SHIRT

一年中、着回せる魅力

季節を問わず着回せるのがデニムシャツの魅力です。ボタンを全部留めたり、羽織ったり、ウエストを結んで重ねたり、さまざまな着こなしが可能です。私はラブリーすぎるもの、ドレッシーすぎるものと合わせ、甘辛ミックスにもよく使っています。

Arrange

1

NATURAL

STYLE

アイボリーカラーのアラン編みのニットとインディゴの組み合わせが好き。デニムシャツをインナーにした、ちょっと山ガール風コーディネートです。長靴をブーツ代わりにして。

Knit:Cloth & Cross　Pants:WACKO MARIA
Shoes:AIGLE　Arm Warmer:HIGHLAND2000
Bag:Glenaland

Arrange

②

RESORT STYLE

リゾートで着たい白のレースワンピース。ちょっと甘すぎるかなと感じたら、そんなとき、デニムシャツを上着代わりに羽織ると、適度にカジュアルダウンしてバランスよし。

One-Piece:Cloth & Cross　Shoes:KIWI
Hat:inverni　Bag:Helen Kaminski
Necklace:agete　Bracelet:Chan Luu

Arrange

③

WESTERN STYLE

肌の露出を抑えたいときワンピースの上に羽織り、ウエストの高い位置で結びます。これ、意外に足長効果もあり(笑)。このテクを使えば、サマードレスも１年中着回せます。

One-Piece:MES DEMOISELLES
Pierce:Chan Luu　Necklace:AHKAH、agete
Bag:Magali Pascal　Shoes:SARTORE

Arrange

1

Skirt:
HUG Ō WäR

ITEM_3

WHITE SKIRT

白には無限大の可能性が

爽やかで涼しげな白という色、そして繊細なレースの質感が何より好きです。ふんわり風になびくボリュームで、丈は足首ぐらいのロングが好み。着回しが無限大のスカートは、年齢にとらわれず、いつまでも着続けたい、永遠の一枚なのです。

MARINE STYLE

ガーリーなスカートもボーダーやトートバッグと合わせるとカジュアルにタウンユースできます。色味をモノトーンでまとめたので、大人のマリンスタイルに仕上がりました。

Shirt:Cloth & Cross　Cut & Sewn:Cloth & Cross
Necklace:Chan Luu　Bracelet:Chan Luu
Shoes:VAN'S　Bag:L.L.Bean

Arrange 2

MIX STYLE

ミリタリージャケットで甘辛バランスを考えた着回し。地味にまとまりすぎないよう、インナーやアームウォーマー、ストールに色柄を配置。足元はブーツ代わりに長靴を。

Jacket:L'Appartement DEUXIEME CLASSE
Cut & Sewn:Bonpoint Arm Warmer:Handmade
Stole:Johnston's Pierce:agete Shoes:AIGLE

Arrange 3

CASUAL & WARM STYLE

ゴムのウエストを胸元まで引き上げ、チューブトップワンピースに。グレーやキャメルのベーシックカラーで暖かみを加えれば白のスカートも4シーズン着回せるアイテムに。

Parka:WACKO MARIA Shirt:Cloth & Cross
Arm Warmer:Johnston's Muffler:Johnston's
Shoes:CORSO ROMA9

Cut & Sewn:
Cloth & Cross

ITEM_4

BORDER TOPS

モード感のあるボーダー

ボーダー歴は長いものの、以前はカジュアルなボーダーを脇役にした着こなしがメイン。それがここ数年、モード感のある小物を合わせ、ボーダーを主役にした大人っぽい着回しが好きです。ゆったりしたシルエットで、今の私の気分にもぴったり。

Arrange

1

BASIC STYLE

ボーダー＋パンツのシンプルなコーディネート。ワイド感のある、たっぷりしたボーダーなので、細身パンツをブーツにインして下半身はスリムなシルエットに。

Pants:ACNE　Bag:SAINT LAURENT
Shoes:SARTORE　Hat:WACKO MARIA

Arrange

2

FUR STYLE

ボリュームのあるフェイクファーのベストを１枚プラスするだけで、ボーダーのカットソーもお出かけスタイルに。パンツの下には網タイツ、足元はローヒールのパンプスで。

Vest:Cloth & Cross Pants:Cloth & Cross
Bag:Balenciaga Shoes:Christian Louboutin
Necklace:agete

Arrange

3

LAYERED STYLE

着回し上級テクである“柄on柄”もボーダーとチェックからなら始めやすいかも。ボーダーとチェックの色合わせがポイント。意外と暖かく、秋にお薦めのボーダーの着回しです。

Shirt:Cloth & Cross Skirt:HUG Ō WäR
Bag:OJO DE MEX Shoes:JOE SANCHEZ
Bracelet:Chan Luu

Masaki's Real Mix & Match

from MASAKI'S BLOG

雅姫の着回し実践編

雅姫さんがハグ オー ワーのHPの中で公開する日記の中には、日々の私服の着回しがしばしば登場。その中に隠されていたおしゃれエッセンスを、アイテム別に紹介します。

I like Basic.

DAILY ITEM

DENIM

1

2

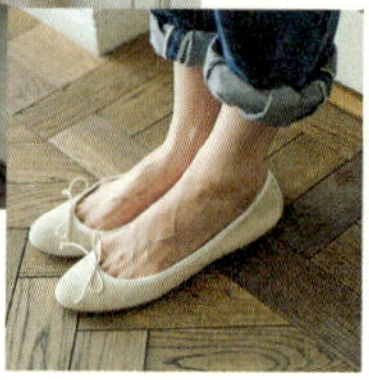

4

3

Denim 1

BOYFRIEND DENIM

1. リネンのタイフロントシャツのインナーにはクロスのボーダーランニング。Leeのヴィンテージデニムとバンズのスニーカーでラフに。サンローランのミニダッフルとGenuineのハットでマニッシュに。アガットのパールブレスはシャツの色に合わせて。2. ひらひら袖とバテンレースがかわいい、ハグのリバティプリントのブラウス。足元はJ&Mデヴィッドソンのバレエシューズ、クロスのパッチワークリメイクバッグで、大人ガーリーな着こなし。3. レースの胸元と袖口がエレガントなクロスのストライプブラウスで甘辛ミックス。白いリボンがさわやかなストローハットとバンズのスニーカーで。

5

6

Denim 2

LIGHT COLOR DENIM

4. クロスのリネンシャツにワイドボーダーの重ね着。ハリウッドトレーディングカンパニーのスリムなデニムとコンバースで下半身をすっきり。セリーヌのトートバッグを肩にかけて。5. ふんわりとやさしいヌーディカラーのハグのレースブラウスには、チャン・ルーのブレスとルブタンのオープントゥで色合わせ。ポンポンの縁取りがかわいいマッタのストールでボリューム感をアップ。6. ハグのボーダーチュニックの上にニットの重ね着。真っ赤なアクセントには、レペットのバレエシューズとセリーヌのトリオバッグ。

7

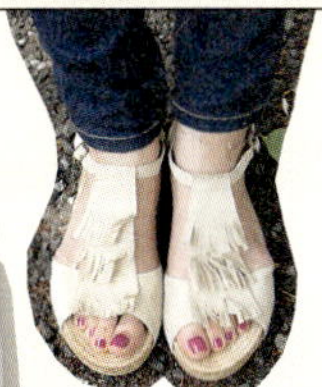

8

Denim 3

DARK COLOR DENIM

7. クロスの白いコットンシャツにカレンエリオットのスリムデニム、伊のレザーブランド、チンクアンタのスエードバッグ。何気ないシンプルコーディネートにガイモのフリンジのサンダルで遊び心を。8. 愛犬ピカソとのお出かけには、ハグのヴィヴィッドなピンクのモヘアセーターで。セリーヌの赤いトリオバッグで、セーターと色遊び。バンズのスリッポンはアニマルプリント。9. マスタード色がかわいいハグのスモックシャツは、レザビヌフのリメイクバッグに、G.H.ハート＆ソンのストールをゆるりと巻いて。J&Mデヴィッドソンのパンプスでレディライクなコーディネート。10. お尻がすっぽり隠れるクロスのボーダーニットにルブタンのリボンサンダルで。11. ハグのボーダーシャツにスタブス＆ウートンのウエッジソールで、スムージーを飲みながらロスの街を軽快に歩き回って。12. フランク＆アイリーンのリバティプリントのシャツはさらりと着て様になる一枚。エマ・カッシーのピアス、チャン・ルーのブレスは、さりげなくリバティのピンクカラーに合わせて。足元はヌーディなマノロのサンダル。

9

10

11

12

DAILY ITEM

PANTS

Comfortable!

1

2

take off

4

3

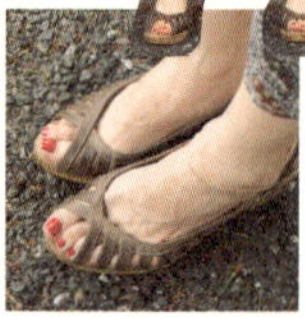

Parts 1

SABRINA PANTS

1. リバティプリントのクロスのサブリナパンツには、ブラックカラーのリネンタイフロントシャツ。MERCIのメッシュバッグはジャクソンズ。2. 定番ギンガムチェックのクロスのサブリナパンツには、シンプルなハグのTシャツで、クールなモノトーンコーディネート。チャン・ルーのブレス（白はエシカルライフ）とボルサリーノをプラス。3. クロスのリネンニットボーダー＋無地パンツには、ヘレンカミンスキーとK.JACQUESのサンダルで初夏の装い。4. AラインがきれいなクロスのVネックカットソーにリバティプリントパンツ。足元はガイモのオープントゥのバックストラップウエッジソール。

5

6

Mix and Match

Parts 2

BLACK PANTS

5. 娘の学校の保護者会にクロスの白いリネンタイフロントシャツとタックパンツ、クールパルフェの帽子で控えめに。セリーヌのバッグ、ミスティックのサンダルも黒で統一。6. クロスのボーダーカットソーにヘレンカミンスキーの帽子、足元はスワロフスキーがついたハワイアナスのビーサン。手にはヴァネッサブリューノの大きめのスパンコールトートを。

7

I'm Mogura

Parts 3

SHORT PANTS

7. ハグの３ウェイシャーリングスモックとワコマリアのハーフパンツには、メドモアゼルのゴールドカラーのストール＆イザベル・マランのバッグ。もぐら入りのトートは米の工業用バスケットメーカー、スティールのもの。

8

Parts 4

SWEAT PANTS

8. L.A.でデザイナーのチャン・ルーとトレッキング。ジェームス・パースのTシャツにロマンスのスウェットパンツ、クロスのチェックリネンシャツとオリバーピープルズのサングラスで。

9

Parts 5

GRAY DENIM

9. クロスのボーダーワンピースをリネンのボタンダウンシャツに重ねてチュニック風にアレンジ。パンツはアクネ。エルベシャペリエのちびエナメルバッグを。10. クロスのカシミアセーターをハグの白いシャツと重ねた秋らしい装い。エンリー・ベグリンのブーツにパンツをインして。ダークカラーに、真っ赤なセリーヌのバッグとネイルが差し色に。

10

13

11

12

Parts 6

WHITE PANTS

11. ふんわりと涼しげなシルバーグレーのビジュー刺しゅうスモックは、ジャーナルスタンダードのホワイトパンツとハワイアナスのビーサンで。ブレスはチャン・ルーの重ねづけ。12. メドモアゼルのコットンセーターには、ジャクソンズのメッシュバッグとヴィンテージシェーズのアニマル柄ストールを合わせて。ハワイアナスのビーサンはキラキラスワロフスキー付き。パンツはロールアップして、足元を軽く。13. クロスのマルチボーダーカットソーにはセリーヌのバッグ、ファリエロ・サルティのストールで。

DAILY ITEM

OTHERS

1

2

3

4

Others 1

COAT

1. マッキントッシュのリネントレンチコートを羽織り、シンプルにデニムを合わせたコーディネート。コートと色合わせをしたセリーヌのバッグ、ファビオル・スコーンのバレエシューズで。2. 寒い日は、ハグのブラックのトレンチコートが大活躍。シトラスのポンポンストールで明るさをプラスし、クロスのもけもけポシェットを斜めがけ。3. マッキントッシュ×MASAKIコラボのゴム引きのステンカラーコートには、スリムなパンツをブーツイン。バッグはセリーヌのバイカラートート。4. マッキントッシュ×MASAKIコラボのゴム引きトレンチコートは、クロスのレーススカートで甘さを加え、エンリー・ベグリンのブーツで。

8

5

Arrange

7

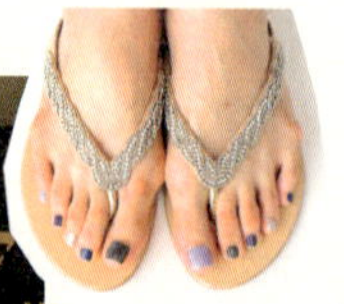

Sandal

Arrange

6

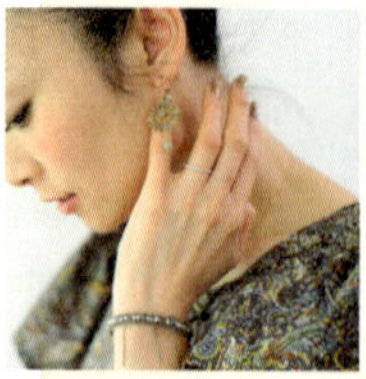

Arrange

Others 2

ONE-PIECE

5. ふんわりフレア袖のクロスのリバティワンピースに、リネンのストールでボリューム感をプラス。チャン・ルーのブレス、J&Mデヴィッドソンのヒールサンダルでエレガントに。6. 同じワンピの着回し術。ボトムにスリムパンツ、チャン・ルーのストールやチェーン付きシングルブレス、エルベのバッグ、スタブス＆ウートンのウエッジソールでコーディネートすると、もっとカジュアルに。7. 夏の暑い日は、ハグのエスニックプリントのワンピース。茄子色のクロスのコットンカーディガンやクロスのターコイズカラーのストールで着回しを。足元はどちらもキウイのキラキラサンダルでアレンジ。ペディキュアは寒色系のマルチカラー。8. フォルテフォルテのマキシワンピースに、クロスのリネンチェックシャツを羽織り、縦長シルエットでバランスよく。

Others 3

DENIM SKIRT

9. 雨の日はドット柄の傘とハンターの長靴が大活躍。デニムのスカートに合わせ、リネンのタイフロントシャツからボーダーのタンクトップをちらり。10. シャネルのカメリアサンダルで、ちょっとそこまで。トップスに涼しげなクロスのフレアスモックとザ・バグマティのカゴバッグ。日よけにヘレンカミンスキーの帽子プロヴァンスとクロスのリネンストール。

9

10

11

12

11. クロスのエスニック刺しゅうのスモックブラウスにシンプルなマルシェカゴを合わせてお出かけ。全身白のコーディネートは、黒のリネンストールで引き締めて。12. わんことのお散歩には、デニムのパンツとエンシャーラのフリンジバッグを斜めがけしてカジュアルなスタイルに。

Others 4

BLOUSE

13

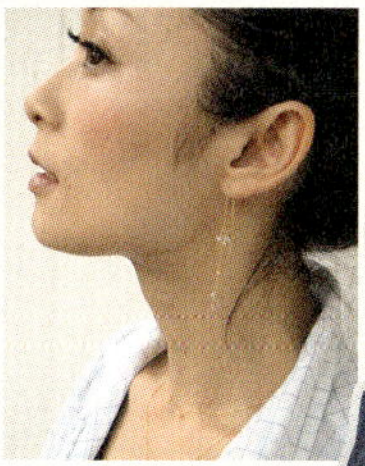

14

Others 5

LONG SKIRT

13. ボーイッシュなサンディのリネンTシャツと、レースをふんだんに使った白のスカートで甘辛ミックス。G.H.ハートソンのピーチ色のラメ入りストールで、トップスにアクセントも。足元はキウイのサンダル。14. ハグのTシャツとカットソーのマキシスカート、コンバースは休日の楽ちんスタイル。フランク＆アイリーンのリネンシャツをカーディガン代わりに。15. 同じスカートのカジュアルな着回し。太めのボーダーとセリーヌの赤いバッグが相性よし。

15

CHAPTER

5

FAVORITE ITEMS

トレンド感を演出してくれる小物たちに
アクセサリーや大人バッグも仲間入り

洋服の好みがベーシックである私は、トレンドや色は小物で取り入れることも多く、好きなものは時代や環境、そして年齢によっても変わってきました。

客観的に見て、一番大きく変化したのはアクセサリーの好みです。昔はシンプルなお気に入りのネックレスを、肌身離さずお守りのようにずっとつけているのが好きでした。最近は子育てが一段落し、自分に手をかけられる時間が増えたせいか、服に合わせ、あれこれ取り替えてコーディネートしています。

40代からピアスのおしゃれを楽しもうと、39歳でピアスの穴を開けたことも大きな変化のひとつ。チャン・ルーと出合い、それまで面倒と思っていたブレスレットを楽しむようになったのも、驚きの出来事です。

さらにそれまで敬遠してきたブランド物のバッグも、年上の女性たちとのつきあいで魅力を知り、年齢的に「きちんとしたものを持つ場」が増えたせいか、抵抗なく受け入れ、自分に合ったものをチョイスできるようになりました。とはいえ、カゴやエスニック、布バッグといった昔から大好きなものは変わらずです。これからも、自分らしさを忘れず、あらゆる可能性を試していきたいなと思っています。

MY
FAVORITES

1

BAG

favorite bag

CÉLINE
Trio
Bag

Knit:DEMYLEE
Shirt:HUG Ō WäR
Pants:CURRENT ELLIOTT
Bag:CELINE

新しく気づいたバッグの魅力

昔から荷物が多く“長財布とカメラが入る”というのが、バッグを選ぶ基本でした。でも最近は、コーディネートのアクセントになるショルダーバッグを、大きなバッグと併用することも。バッグインバッグにもなるので、大きなバッグの底からお財布をガサゴソ探すこともありません。時にはポシェットタイプを斜めがけして、身軽に出かけることもあります。大好きなカゴは相変わらず増え続け、現在もわが家で増殖中です（笑）

SHOULDER BAG

黒いポシェットタイプで大人シック

1. ヨーロッパ一軽い革を使用したという、SAINT LAULENTのミニダッフル。 2. 丸い形が斜めがけするとかわいい、repettoのプチポシェット。 3. ショルダーからはずせば、個々に分けてクラッチ感覚で使える、CELINEのトリオバッグ。 4. おしゃれ心のあるフリンジがついたJ&M Davidsonの“RIO”ショルダーバッグ。

1

2

favorite bag

Vinyl Bag

favorite bag

Ethnic Basket

3

4

favorite bag

Marché Basket

Back Side

5

6

STRAW BAG

大好きなカゴバッグは、カラフルへと移行

1 Jackson'sの元気がでるカラフルなジュート網バッグをコーディネートの差し色に。 2 グリーンとブルーが鮮やかなビニールのカゴトートは、うれしいマチありタイプ。 3 Fatima Moroccoの華やかなゴールドのエスニック刺しゅうカゴバッグ。 4 毛糸でハンドメイド刺しゅうしたチュニジア産のマルシェカゴ。 5 ビタミンカラーのキッチュなサイザルカゴは、ニコちゃんマーク。裏にポチッとハートがついているのが遊び心。 6 シルバーとグレーのスパンコールツートーンが大人っぽいFatima Moroccoの内張付きのマルシェカゴ。

favorite bag
Balenciaga

7

Other Size

8

9

10

favorite bag
EBAGOS Tote Bag

favorite bag
Bottega Veneta "Cava"

11

12

CASUAL&CHIC

上質な素材のベーシックカラーを

7. コーディネートしやすいカスタードカラーのBalenciaga。8. コンパクトでモードにもカジュアルな服にも似合う、ライトブラウンのBalenciaga。9. モードな装いにぴったりのハラコのラウンド型バッグは大人っぽいゼブラ柄で。10. 黒いエナメルのトートにバスケットがついたEBAGOS。11. 私好みの珍しいダスティパープルカラーのBottega Veneta"カヴァ"。12. 二つ折りにして持つと、また違った印象に見える、収納力があるCELINEのバイカラーバッグ。

MY FAVORITES

2

SHOES

favorite shoes

J.M.Weston Boots

シルエットが美しく、足首をキュッと引き締めて見せてくれるJ.M.WESTONのショートブーツ。3シーズン楽しめるので、休みの日にはこまめに革を磨きます。

じっくり選んで大切に履きます

本来面倒臭がりで、服も試着しないで買うことがあった私ですが、靴だけは履きやすさが優先なので、慎重に試し履きをして選びます。

「おしゃれは足元から」という言葉があるように、靴が汚いと、生活そのものがだらしない印象に見られることもありますから。私に新しいファッションの楽しみ方を教えてくれたヒールの靴も、裏貼りしたり、こまめに傷をリペアし、大切に履いていこうと思っています。

BALLET SHOES

Tramping through the streets in my favorite shoes.

シンプルながら、足をスマート＆上品に

上段左から、Anniel、J & M Davidson（2点）
下段左から、repetto（3点すべて）

SANDAL

ヒールのないペタンコサンダルが大好き

サンダルはキラキラやビジューがついた、履いていて楽しくなるデザインが好き♡。
形はミュールより、トングタイプが圧倒的。

上段左から、Manolo Blahnik、KIWI、Jack Rogers、MYSTIQUE、havaianas、KIWI　中段左から、STUBBS & WOOTTON、HENRY BEGUELIN、MYSTIQUE、EMMA HOPE、HENRY BEGUELIN、BIRKENSTOCK、havaianas
下段左から、gaimo、Jack Rogers、Manolo Blahnik、KIWI、gaimo、HENRY BEGUELIN

PUMPS

ファッションに欠かせない、ヒールの美脚効果

ヒールのパンプスは決して足が楽ちんでいられる靴ではないけれど、履くとすらりと足がキレイに見えるし、自分自身も背筋がちゃんと伸びます。女らしさとおしゃれを忘れない意味でも大切にしたい靴です。

上段左から、Manolo Blahnik、Manolo Blahnik、Christian Louboutin、Christian Louboutin
中段左から、Salvatore Ferragamo、Christian Louboutin（右4点）下段左から、Manolo Blahnik、CHANEL、Manolo Blahnik（右3点）

favorite shoes
Converse Sneaker

1

2

3

4

5

6

favorite shoes
VAN'S Slip On

7

8

9

SNEAKER

その時代の思い出が詰まったスニーカー

1. 2. 3. 学生時代から愛用しているコンバース。一番右はジェームズ・ディーンも履いていた、JACK PURCELL。CONVERSE（3点とも） 4. 5. 6. 家族全員が愛用するVAN'S。左はスニーカータイプ。右の2足はスリッポン。VAN'S（3点とも） 7. メイドイン久留米のスニーカーは、最終工程で窯に入れて焼くヴァルカナイズ製法。GOODWEAVER 8. 子育て中に大活躍したadidasのスタンスミス。 9. タウンユースのスニーカーであるNew Balance。

MY
FAVORITES

3

ACCESSORIES

Necklace:短いものから順に
AHKA (2本とも)、agete

長短ミックスが
マイブーム

デコルテラインの開いた服が好きなので、肌の生々しさを消す意味でもネックレスは必須です。私の中でアクセサリーをつける＝心の余裕と考えており（実際、娘が小さい頃はアクセサリーをつけかえる余裕なし)、外出前に鏡の前でアクセサリーを決めるのは「キレイにして出かけよう」という儀式のひとつなのです。ネックレスはデザインというより、長さの違いを楽しみます。顔をほっそり見せたいときは長めを選び、重ねづけするのがマイブーム。

NECKLACE

繊細なゴールド、可憐なパール、エスニック調が好き

ネックレスは繊細なデザインが好きです。選ぶのはゴールドの細いチェーンのものや小粒のパール。エスニックな香りのするネックレス、ターコイズや色石がついたものが最近ワードローブに加わりました。

1. 2. ともにAHKAH 3. agete 4. 5. ともにAHKAH 6. agete 7. skypearl 8. 9. ともにagete

Ring:agete (すべて)

RING

指に映えるのは、繊細で華奢なゴールドタイプ

私の指に似合うリングは、繊細、シンプル、そして華奢なタイプ。小さなダイヤや貴石、そしてベビーパールにも惹かれます。肌なじみがいいゴールドが、つけていて一番しっくりきますが、時にはクールな印象のホワイトゴールドも。

〈上〉神戸の真珠屋さんに、真珠にまつわるお話を聞き、すっかりパールのファンに。クロス＆クロスのコラボリング。
〈下〉マイ・ファースト・ハリーウィンストン。つけると緊張するので（笑）、登場するのはパーティや年に1度の記念日に。

favorite pierce
Chan Luu
Ting-a-ling, ting-a-ling……
my pierced earrings play a melody.

Pierce:Chan Luu
Necklace:noguchi

PIERCE

39歳からのピアス

39歳で初めてピアスの穴を開けました。ほんの小さな勇気でアクセサリーの楽しみがぐーんと広がりました。
今やピアスを買うのが自分へのご褒美＆喜びです。

〈左から右へ〉朝、洋服に合わせてピアスを選ぶ時間が好き。ゆらゆらぶら下がるエスニック風のピアスがお気に入り。

（左のグラスに掛けたピアス、左から）Les Nereides、Emma Cassi、Emma Cassi、Les Nereides、YUMIKO KAWATA
（中央のグラスに掛けたピアス、左から）Chan Luu、Chan Luu、Ouca、Chan Luu
（右のグラスに掛けたピアス、左から）agete、YUMIKO KAWATA、Chan Luu、Chan Luu

favorite Pierce
Hoop Pierce

昔から憧れていたシンプルなフープタイプのピアス。チャームを付け替えるだけで、いろいろなバリエーションのピアスに変身します。そしてピアスをつけていて学んだことがひとつ。大きなフープのピアスほど、小顔効果があるのですよ（笑）。

Pierce & Charm : agete(すべて)

MY FAVORITES

4

BRACELET

手首にぐるぐるっと5連で巻く5ラップブレスレットが大人気のチャン・ルー。左上のピンクのマルチカラー、ホワイト×ベージュの2種類が雅姫×チャンのコラボブレスレットです。

Bracelet:Chan Luu、Pascale Monvoisin (pink one)

チャン・ルーと出合い ブレスに開眼

洗い物をはじめ、家事をするときに取り外しが面倒と、最近まで敬遠していたブレスレット。それがチャン・ルーのブレスと出合い、すっかりファンになりました。ナチュラルな素材を使いながら、カントリーやウエスタンに転ばず、どこかモダンなチャンの5ラップやフリンジ付きブレス。今年は念願かなって、チャン・ルー×雅姫のコラボブレスレットまで作りました。他にも、洋服に合わせてネックレスのように繊細なブレスも愛用しています。

favorite bracelet
Layered Style
Each time I move my hands, these ethnic and modern bracelets sing a tune.

Bracelet:
Chan Luu、
agete (gold chain)

favorite bracelet

White Tones

Bracelet:agete、ÏLD／IwonaLudyga (gold chain)

ブレスレットは、ゆるく、重ねて

〈上〉素材違いで何本も重ねるとブレスレットの魅力が倍増。
〈下〉洋服の色や素材に合わせトーンを揃えた重ねづけも。

MY
FAVORITES

5

BELT

平凡なワンピースとニットのレイヤードも、ベルトでブラウジングするだけで、ちょっぴりモード感をプラス。

Belt:HENRY BEGUELIN
One-Piece:Drawer
Knit:HUG Ō WäR

ベルトを使う、楽しい着こなし

　私にとってベルトは、どちらかというと見えないおしゃれアイテムでした。なので、あまりベルトをアクセントにする着こなしはしたことがないし、得意でなかったのです。でもアングロをはじめ、好きなベルトが増えてくると、トップスをルーズにブラウジングしたり、おしゃれのアクセントにも使えるようになりました。深いブラウンやベーシックカラー以外に、ピンクやホワイトといったアクセントカラーも揃え、ベルトによる着こなしを勉強中です。

Mesh belt, leather belt, thin belt……
belts, belts and more belts!

ベルトの着こなし、まだまだ勉強中

ホールに関係なく留められるメッシュレザーベルトが一番機能的。でも最近は幅もいろいろ、色や素材も違うものにもトライ。

上から、ANGLO、HENRY CUIR、Rarph Lauren、ANGLO、POST & CO、AROUND 1985、ANGLO、ANGLO、Ralph Lauren、ANGLO、HENRY BEGUELIN

MY FAVORITES

6

GLASSES

サングラスは黒よりも、深いブラウンやパープルなど、顔立ちをやさしく見せるものが好き。

Sunglasses:OLIVER PEOPLES

足りない何かを 補ってくれるのが眼鏡

視力がよいおかげで、眼鏡は私にとってアクセサリー代わり。コーディネートの最後に鏡を見て、何か物足りなく感じたとき、はたまたノーメイクのとき、黒やべっこうフレームの眼鏡の力を借りています。

夏の激しい日差しのもとでは、サングラスが大活躍！ 紫外線から目や目の周りを守ってもらうことはもちろん、シンプルなデザインと、気持ち大きめのダークトーンのレンズで、密かに小顔効果を狙います。

Sunglasses:左から、WACKO MARIA、TOM FORD、OLIVER PEOPLES

Glasses:上から、OLIVER GOLDSMITH、OLIVER PEOPLESO、WACKO MARIA

眼鏡もサングラスも全身とのバランスを見て

〈上〉帽子を被ってサングラスをかける場合、そのバランスにも注意☆
〈下〉セルロイドの眼鏡で、知的な印象を演出。

MY
FAVORITES

7

STOLE

favorite
stole
MATTA

サイドのポンポンがかわいく、珍しい芥子色に惹かれて。

Stole:MATTA
One-Piece:Cloth & Cross
Pierce:YUMIKO KAWATA
Bracelet:Deepa Gurnani、agete
Bag:ISABEL MARANT

何本あっても、次々ほしくなる

気がついたら増え続けているわが家のストール。手頃な価格のものも多いので、好みの色やディテールのものを見つけると、ついつい買ってしまうからです。服では躊躇する色も、ストールならすんなり受け入れられるのも魅力の一つ。ストールはファッションの差し色になるうえ、思わぬ場所でしばしば助けられるアイテム。効きすぎた冷房から胸元や首を守り、紫外線から肌を守ることも。とくに旅先には毎回何本かのストールを持参。とにかく万能選手なのです。

1

favorite stole

Les Habits Neufs

Stole:LES HABITS NEUFS
Blouse:MES DEMOISELLE
Pants:Lee(Used)
Pierce:Ouca
Bracelet:agete

2

Stole:Cloth & Cross
Blouse:Cloth & Cross
Pants:CURRENT ELLIOTT

3

Stole:G.H. & Hartson
Blouse:Bonpoint
(実はスカート)
Bracelet:agete

4

favorite scarf

Hermès

Scarf:HERMES
Jacket:Lee
Necklace:KETTY Marant

ストールの巻き方、雅姫スタイル

1. 首周りにくるくるっと巻き、端を中に入れ込み、スヌード風に。2. ロングストールは首にぐるりとひと巻きしてシンプルに。3. レースのストールはかわいい縁取りを生かして。4. フロントで三角形に巻いたウエスタンスタイル。

MY
FAVORITES

8

HAIR ACCESSORY

これがカチューム。
最近のお気に入りです。

Hair Accessory:
Deepa Gurnani
Blouse:HUG Ō WäR
Necklace:agete
Pierce:agete

無造作ヘアもアクセがあれば様になる

ロングヘアの私にとって、ヘアアクセサリーは必需品。ヘアバンド、カチューシャ、ゴム、バレッタなどでアレンジのバリエーションが広がります。仕事や家事のときは、もっぱらアップスタイル。きゅきゅっと無造作にお気に入りのヘアアクセサリーでまとめれば、それだけで様になるのでとても楽ちん。最近はカチューシャにゴムがついたカチュームもお気に入り。キラキラやべっこう、ベルベットなど、季節に合わせ素材もチョイスします。

Hair Accessory:
NAMrATA joshipura
Blouse:Frank & Eileen
Pierce:Emma Cassi

Hair Accessory:
HUG Ō WäR
Blouse:nesessaire
Pierce:agete

髪をまとめ、キュートなニュアンスをプラス

1. 髪を一瞬できちんと見せるヘアバンド。　2. 3. キラキラビジューのカチュームで髪もドレスアップ。4. 大きめリボンでおだんごヘアをキュートに。5. 秋色の別珍をちょうちょ結びにしたヘアゴム。6. セルロイドのヘアクリップ。7. ポニーテールを結ぶのなら、ビジュー付きのゴムで。8. グログランテープが三重になったリボンゴム。

MY FAVORITES

9

HAT

Knit:HUG Ō WäR
Shirt:Cloth & Cross
Pants:ACNE
Hat:WACKO MARIA
Bracelet:agete,
Deepa Gurnani
Shoes:SARTORE

favorite hat
WACKO MARIA

季節に合わせ、素材や形を選んで

夏の帽子は日差しよけが目的です。オフィスまで自転車に乗るので、つばは広めで涼しいタイプが一番です。旅先では、折りたためるかさばらない布製ハットも活躍。冬は防寒よりも断然おしゃれアイテムとして。パナマ帽は顔とのバランス、つばの大きさで顔の印象ががらりと変わります。深く被ったり、浅く被ったり、自分のベストなバランスを見つけることが大切です。ベレー帽は気軽に被れて、知的なニュアンスを加えてくれるのが魅力です。

上段左から、CA4LA、Accessorize、CA4LA、Phantasien
下段左から、forte_forte、HIGHLAND、HATS & DREAMS

左から、LOLA、inverni (2点とも)、Helen Kaminski、SENSI STUDIO、Borsalino

モード感やニュアンスを加える帽子

〈上〉ベレー帽は被り方をいろいろ工夫。20代の頃からの愛用品。ニット帽は暖かいうえに、深めに被って髪を下ろすとかわいい。
〈下〉夏、紫外線から守ってくれる頼もしい味方。マニッシュに決めたい日はパナマ帽をチョイス。

MY FAVORITES

10

NAILS

新鮮なホワイトカラーにラメ＆パールをトッピング。色は次の撮影で着る予定の服の色などを想像して決めたり、来週お会いする人を想像して決めたり。

私らしいのは、フレンチネイル

ネイルのおしゃれこそ、まさに子育てが一段落した証しかも（笑）。料理シチュエーションの撮影も多く、いつも手元や指先が気になっていました。一番自分らしく落ち着くのは、ベーシックなフレンチネイル。でも洋服に合わせてライラックやピンク、印象的に決めたいときは、赤やヴィヴィッドピンクにすることも。ネイルサロン通いは30代後半になってから。爪のお手入れができていると、安心感があり、ちょっぴり女らしくなれる気がします。

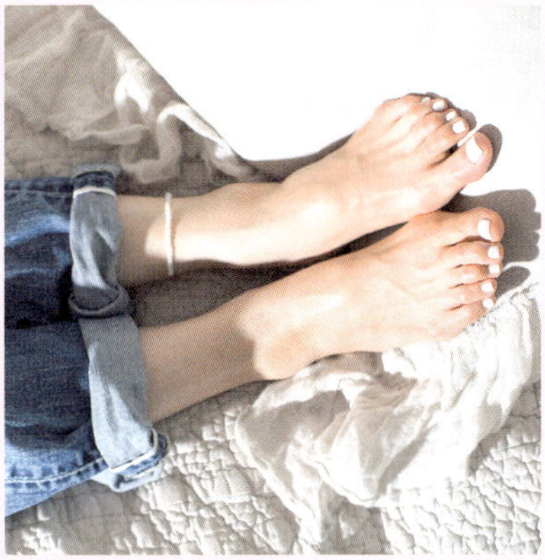

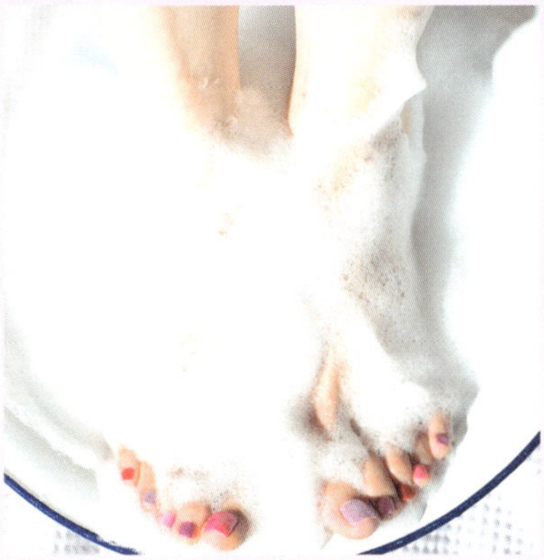

favorite colors

Pastel Colors

ネイルもファッションの一部。 大胆な色にもチャレンジ

撮影で手元が写ることが多い私は、月に2回はネイルサロンへ。手はファッションとの兼ね合いで色を選ぶことが多いのですが、ピンク系、ライラック系の好きな色や、最近はスカイブルーやミントグリーンにもチャレンジ。ペディキュアはちょっぴり大胆に、そして派手に。ヴィヴィッドなピンクや赤、最近は一本一本違う色を塗るマルチカラーもマイブームです。

MASAKI'S

FASHION HISTORY

私が着てきたもの

幼い頃うれしかった、姉とお揃いの服。ファッションに目覚めた高校生時代。そして、モデル、デザイナーという仕事を通じて、自分らしく心地いいおしゃれを楽しむことを知りました。そんな私のファッションヒストリーをお届けします。

❶ In Akita

お姉ちゃんと一緒がいい！

Oh, yeah!

小さい頃からエンターテイナー(笑)

❷ Vintage Skirt

❸ Smock

1972.11　秋田県横手市に生まれる。

子どもの頃から体を締め付ける服が大の苦手。雪国で生まれ育ったにもかかわらず、タイツも穿かず、家の中ではパンツも脱いでしまう子どもだったそう。

家族で出かけるときは姉妹でお揃いをと、母がセミオーダーしてくれた服は今でも憶えているほど。❶

小中高は部活に明け暮れ、ショートヘアで年中真っ黒。

学校が春休みになると東京に遊びに行き、当時憧れの「ハリウッドランチマーケット」へ。マドラスチェックの3段ティアードスカートでハリランデビュー。

1989　高校時代は地元の古着屋さんでアルバイト。

“古いもの好き”のこだわりのオーナーの元で、ヴィンテージの良さを学んだ。

1990　18歳で東京へ。

ディスプレイを学ぶため、デザイン学校に進学。

当時のファッションはチープな古着が中心。いかに安く、かわいく、そして個性的にコーディネートするかがファッションのテーマだった。よく通った店は、原宿の「CHICAGO」「SANTA MONICA」「VOICE」、代官山にあった「DEP'T」など。❷❸

学生時代はラフォーレ原宿にあったヒステリックグラマーでアルバイトを。

④ Converse

1993

原宿でアンアンの読者モデルにスカウトされる。

モデル事務所に所属。ダイエット指令が出て、毎週事務所ではスクール水着で採寸。オーディションではボディラインが出る服を着ていくのが鉄則で、それがとってもストレスで憂うつだった。

当時の私はモデル仲間が好んでいたファッションとは違い、反モード。刺しゅうのスモックやゆったりしたデニムやオーバーオール、ベンシャーマンのシャツ、足元はコンバースのスニーカーという、圧倒的に男ウケしないスタイル。④

一時はこんな前髪ぱっつん時代も！

1995

平成7年7月7日という7並びの日にJリーガーと入籍。⑤

ほぼ同時にラブラドールレトリバー（大型犬）との生活も始まり⑥、洋服は基本汚れていいもの、足元は断然スニーカーというファッションに。

妊娠6カ月でロンドンへ。

モデル生活が始まって以来のロングバケーション。初めてプラダのロングブーツを買う。（ブランド物デビュー！）⑦

おめでとー♡

⑤ Married!

⑥ Gre + mori

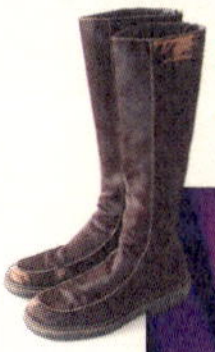

⑦ Prada Boots

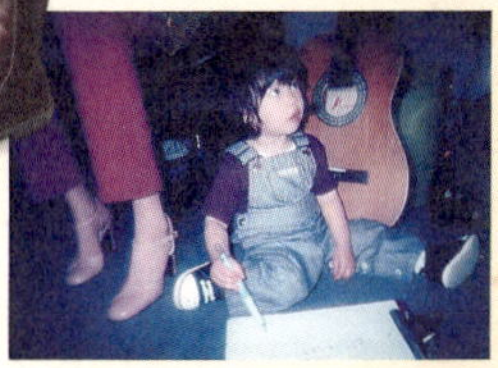

⑧ Yulala♡

1996

3月、長女ゆららを出産。⑧

出産後のファッションは肌触りのいいコットンや折りたたみできるヘレンカミンスキーの帽子、楽ちんでルーズなリネンのパンツなど、ナチュラルな素材に惹かれるように。ささっと履けるビルケンシュトックも定番。⑨⑩

子育て中は断然ボーダー（ルミノワ、アニエスベー、セントジェームス）。娘とお揃いで着ることも。⑪

I♥ BORDER

⑨ PROVENCE

⑩ Birkenstock

1999

ハグ オー ワー誕生。⑫

「娘に着せたいシンプルな服がない」ということから、自ら子ども服のブランドを展開することに。秋、自由が丘に9坪の小さな子ども服のお店をオープンする。

その後、お母さんが着られる服が欲しいとリクエストがあり、レディースラインも立ち上げた。

⑪ Border

⑫ Shirts

⑬ HUG Ō Wär

2003

同じ自由が丘の広いスペースにHUG Ō WäRをお引っ越し。⑬

カタログ撮影でロンドンを頻繁に訪れるようになり、マーケットやブロカント巡りにハマる。

⑭ Kitchen Cloth

2004

布好き、キッチンクロス好きが高じて「クロス＆クロス」オープン。⑭

作り手のストーリーが見える器や、暮らし周りを彩る生活雑貨も扱うセレクトショップ。レディースのセカンドラインも誕生☆

女性らしい靴、パリ生まれのバレエシューズrepettoに出合う。ファッションにもリバティプリント、レースなど、エレガントなものをセレクトするようになってきた。

英国の老舗ニットブランドG.H.HURT&SON×ハグ オー ワーのコラボ商品の展開が始まる。

⑮ Nantucket

2005

カゴ好きを代表して、カゴのエルメスと呼ばれるナンタケットバスケットの取材に。⑮

⑯ Liberty Bag

2007

日本人として初めてリバティプリントのビスポークオリジナル3柄「Masaki & Garden」「Gre&Mori」「Birthday」を発表。⑯

⑰ Les Néréides

2009

アクセサリーブランドLes Néréides ×ハグ オー ワーのコラボレーションネックレスとリングを製作。⑰

ハグ オー ワー10周年。それを記念してrepetto×HUG Ō WäRのコラボバレエシューズを発表。⑱

子育てが一段落し、ヒールのパンプスなどを楽しむようになる。好きなブランドはマノロ・ブラニクやクリスチャン・ルブタン。⑲

repetto ⑱

⑲ Manolo Blahnik

2010

vanessa bruno×MASAKI
トートバッグをコラボレーション。⑳

⑳ vanessa bruno

2011

ヘレンカミンスキー×クロス＆クロスの
ダヴィーナ（帽子）と
エア（タッセル付き）を製作。㉑㉒

㉑ Helen Kaminski

㉒ Helen Kaminski

娘が高校生になり、自分の時間が作れるように。
洋服を買うときも試着をする余裕ができた。

リバティ×アウトドアブランド・モンロ
×ハグ オー ワーのコラボレーションで、
初のアウトドアアイテムを数種類製作。㉓

㉓ Monro

英国を代表する3ブランド、ラベンハム
×リバティ×ハリスツイードとハグ オー ワーの
コラボレーションが実現。
キルティングのラベンハムフードジャケットを
発表。㉔

㉔ LAVENHAM

2012

ファーストピアス。39歳で初めてピアスの穴を開ける。

マッキントッシュ×MASAKIの
コラボレーションで、ゴム引きの定番コートと
トレンチコートを製作。㉕

㉕ MACKINTOSH

内側にボンディングしたリバティプリントをつけたのが雅姫スタイル。

2013

アクセサリーブランドCHAN LUU
×MASAKIのコラボレーションで
５連ラッププブレスレット＆チェーン付き
シングルブレスレットを発表。㉖

㉖ Chan Luu

ロサンゼルスのCHANさんの自宅に招かれ、手料理を振る舞っていただくまでに。

ついに私も40代。いつまでもおしゃれ心を忘れずに、もっともっと人生を楽しみたい♡㉗

to be continued.

Life begins
at 40!!

㉗ Birthday Party

THANKS TO:

Le Lion ●ル リオン（p18-19、p30-31）

東京都渋谷区恵比寿1-21-16
TEL.03-3445-8131
㊔11:30〜0:00（ランチL.O.14:00、ディナーL.O.22:30）
日曜日は20:00 CLOSED
www.lelion.jp

Kojien ●小路苑（p20-21、p28-29）

東京都新宿区赤城元町3-4
TEL.03-5261-0229
㊔13:00〜20:00　不定休
www.kojien.jp

francjour ●フランジュール（p22-23、p38-39）

東京都世田谷区玉川3-10-10
TEL.03-5491-2522
㊔11:00〜19:00　無休（年末年始除く）
http://www.francjour.com

写真：大森忠明
取材・文：今井 恵
ヘア＆メイク：高松由佳（スチーム）
イラスト：Grace Lee（BUILDING）
ブックデザイン：吉村亮＋照元萌子（Yoshi-des.）
協力：皆田明子　山下千恵　小山伸枝

雅姫　masaki

モデル、キッズ&レディースの服『HUG Ō WäR（ハグ オー ワー）』、暮らしを彩る生活雑貨の店『Cloth & Cross（クロス&クロス）』のデザイナー。今までリバティ、マッキントッシュ、ラベンハム、レネレイド、ヴァネッサ・ブリューノ、ヘレン・カミンスキーなど、世界的なブランドとのコラボレート商品も多数生み出している。著書に『京都散歩』『グレとモリの日記』（共に扶桑社）、『私の愛着定番77』『雅姫のインテリアスタイル 心地いい空間の作り方』（共に集英社）、『私のクローゼット365日』（マガジンハウス）など多数。

愛しのワードローブ

私のクローゼット365日　Part2

2013年9月18日　第1刷発行

著者　雅姫
発行者　石﨑 孟
発行所　株式会社マガジンハウス
〒104-8003　東京都中央区銀座3-13-10
受注センター☎049-275-1811
書籍編集部　☎03-3545-7030
印刷・製本所　大日本印刷株式会社

ISBN978-4-8387-2608-0 C0095

マガジンハウス　ホームページ
http://magazineworld.jp/